Schreib 4 richtig

Erarbeitet von	Renate Andreas
	Heike Baligand
Illustriert von	Antje Hagemann

westermann

Unter der Erde

Unter der Erde

Wir haben mit unserer Klasse ein altes Bergwerk besichtigt.
Alle mussten einen Helm aufsetzen. Mit der Bergbahn sind
wir in den Stollen eingefahren. Das hat ungefähr fünfzehn
Minuten gedauert. Ein Bergführer hat uns erklärt, wie die
Kohle entsteht. Das dauert viele Jahre. Dann sind wir weitergegangen.
Es war gefährlich, denn die Wege waren glatt.
Wir haben erfahren, wie man früher Kohle abgebaut hat.
Die Bergleute mussten damals ohne moderne Maschinen arbeiten.
Das war sehr mühsam. Heute gibt es große elektrische Bohrer.
Als der Bergführer einen Bohrer angestellt hat, haben wir uns
die Ohren zugehalten. Es war wahnsinnig laut.

Richtig abschreiben und kontrollieren

1 Suche dir fünf Sätze aus dem Text aus und schreibe sie ab.
Kontrolliere sie.

_____

_____

_____

_____

_____

_____

Diese Wörter muss ich noch üben:

_____

_____

Wörter mit Dehnungs-h

2 Unterstreiche die Wörter mit <u>ah/äh</u>, <u>oh/öh</u>, <u>uh/üh</u> und <u>eh</u> im Text
mit den vorgegebenen Farben.
Schreibe die Wörter auf.

Wörter mit <u>ah/äh</u>: _____

_____

Wörter mit <u>oh/öh</u>: _____

Wörter mit <u>uh/üh</u>: _____

Wörter mit <u>eh</u>: _____

Wörter mit Dehnungs-h

3 Setze ah/äh, oh/öh, uh/üh oder eh in die Lücken.
Schreibe die Wörter auf.

oh/öh	ah/äh	uh/üh	eh
Bohrer			

B___n   B**oh**rer   gl___en   fünfz___n

gef___rlich   H___le   ___r   ___rlich

J___r   ___r   Gef___l   erf___rer

St___l   L___rer

Tipp: Das Dehnungs-h musst du beim Trennen des Wortes immer beim Selbstlaut (Vokal) lassen.

4 Schreibe die Wörter in Silben auf.

Baggerführer   Bag – ger – füh – rer

gefährlich

Frühlingsgeschichte

Fahrradreifen

Ohrenschmerzen

Höhlenforscher

5 Setze ah/äh, oh/öh oder uh/üh in die Lücken ein.

Beim Z____narzt

Sofort nach dem Ausflug f____rt meine Mutter mit mir zum Z____narzt.

W____rend der F____rt habe ich ein komisches Gef____l. Im Wartezim-

mer setzen wir uns auf die bequemen St____le und warten ungef____r

eine halbe Stunde. Ich gehe ____ne meine Mutter ins Behandlungs-

zimmer. Bei der Untersuchung bekomme ich ganz heiße ____ren. Aber

der Z____narzt braucht nicht zu b____ren. Das Z____neputzen hat sich

gel____nt. In einem halben J____r gehe ich wieder zur Vorsorge.

6 Suche die Wörter mit ah, oh und uh.
Kreise sie ein und schreibe sie auf.

P	S	A	H	N	E	W	S	T	U	H	L	M
F	U	H	R	K	A	I	Z	A	H	L	D	U
B	A	U	M	S	O	H	N	H	A	L	L	O
W	O	H	N	U	N	G	H	U	H	N	E	S
F	R	O	H	D	I	E	B	S	T	A	H	L
D	K	O	H	L	D	R	A	H	T	U	H	R

ah	oh	uh
Sahne		

Wörter mit ck nach dem ABC ordnen

7 Schreibe die Nomen und Verben nach dem ABC auf.

A a
B b
C c
D d
E e
F f
G g
H h
I i
J j
K k
L l
M m
N n
O o
P p
Qu qu
R r
S s
T t
U u
V v
W w
X x
Y y
Z z

Zucker   meckern   hacken   strecken

Rücken   Blick   Päckchen   Zecke

Stück

wecken   lecken   Sack

Speck   Socke   packen   jucken

verstecken   backen   Dreck   Deckel

Nomen mit ck	Verben mit ck
Blick	backen

6

Meine Lernwörter

8 Suche dir vier Wörter aus, die für dich schwierig sind.
Schreibe jedes Wort fünfmal untereinander auf.

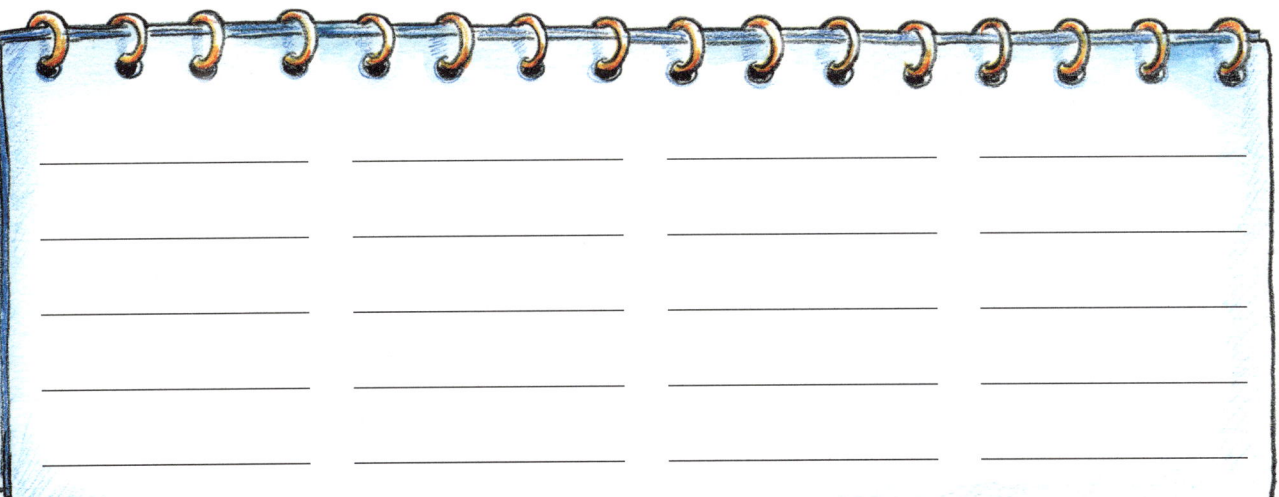

Fehler finden

9 Finde die sechs Fehler im Text.
Streiche die falschen Wörter durch und schreibe sie richtig auf.

Wir haben mit unserer Klasse eine Höle besichtigt.
Alle mussten einen helm aufsetzen. Mit der Bergbahn sind
wir in dcn Stollen eingefahren. Das hat ungefär fünfzehn
Minuten gedauert. Ein Bergführer hat uns erklärt, wie die
Tropfsteine entstehen. Das dauert viele Jare. Dann sind wir zu Fuß
weitergegangen. Es war gefährlich, denn die Wege waren glat.
Wir haben dann erfahren, wie man früher Kole abgebaut hat.

Höhle, _____

_____

Unsere Erde wird wärmer

Unsere Erde wird wärmer

Die Luft ist nicht mehr so sauber wie zur Zeit unserer Großeltern. Besonders in großen Städten ist sie dreckig und im Sommer stickig. Das liegt an den vielen Abgasen von Autos, Flugzeugen, Heizungen und von der Industrie. Die Abgase schweben wie eine dicke Glocke über der Erde. Um die Umwelt zu schützen, müssen die Fabriken feine Filter in die Schornsteine einbauen. Die Autos dürfen keine giftigen Abgase in die Luft abgeben. Aber das alles nützt noch nicht genug. Unter der Abgasglocke wird es immer wärmer. Das ewige Eis am Nordpol schmilzt und das Wasser der Meere steigt immer höher. Das Klima wird sich langsam verändern.

Richtig abschreiben und kontrollieren

1 Suche dir fünf Sätze aus dem Text aus und schreibe sie ab.
Kontrolliere sie.

_____

_____

_____

_____

_____

_____

_____

Diese Wörter muss ich noch üben:

_____

_____

Adjektive erkennen

2 Suche die elf Adjektive im Text und unterstreiche sie.
Schreibe sie auf.

_____

_____

_____

Adjektive mit ig und lich

3 Leite die Adjektive ab. Bilde die Vergleichsstufe.

freund? ➡ noch _freundlicher_ ➡ lich

saft? ➡ noch _saftiger_ ➡ ig

ruh? ➡ noch _____ ➡ _____

künst? ➡ noch _____ ➡ _____

eis? ➡ _____ ➡ _____

durst? ➡ _____ ➡ _____

sport? ➡ _____ ➡ _____

jugend? ➡ _____ ➡ _____

4 Setze **ig** oder **lich** ein.

Der Tag ist sonn____. Mario und Ibrahim gehen ins Schwimmbad.

Der Mann an der Kasse ist freund_____. Sie setzen sich auf die

Wiese. Der Platz ist ruh____. Sofort gehen sie schwimmen.

Das Wasser erscheint ihnen eis____. Plötzlich wird es wind____.

Ängst_____ fragt Ibrahim: „Was ist los, meinst du, es wird

gefähr_____?" „Keine Ahnung, lass uns lieber gehen", sagt Mario.

Schnell fahren sie nach Hause. Als sie dort ankommen, wird es richtig

unheim_____. Draußen tobt ein heft____er Sommersturm. „Gerade

noch geschafft!", meint Ibrahim.

10

Mann oder man

Tipp: Wenn jeder (männlich oder weiblich) gemeint ist, schreibst du **man**.

Tipp: Wenn eine einzelne männliche Person gemeint ist, schreibst du **Mann**.

5 Setze **Mann** oder **man** ein.

Ein Mann sitzt auf der Bank.

Man darf den Rasen nicht betreten.

Ein _Mann_ geht im Park spazieren.

Der _____ liest eine Zeitung.

Der _____ isst ein Vanilleeis.

_____ soll nicht mit vollem Mund sprechen.

Vor dem Essen soll _____ sich die Hände waschen.

Fremde Hunde sollte _____ nicht streicheln.

6 Setze **Mann** oder **man** ein.

Wenn es regnet, sollte _____ einen Schirm mitnehmen.

Erika beobachtet einen _____, der eine Blume kauft.

Der _____ bestellt das Essen für seine Familie.

_____ sollte nicht zu weit ins Meer hinaus schwimmen.

Der Bademeister im Schwimmbad ist ein netter _____.

Der _____ erklärt den Kindern, wie das Gerät funktioniert.

Der Lehrer erklärt: „Beim Unterstreichen soll _____

ein Lineal benutzen."

Wörter nach dem ABC ordnen

7 Unterstreiche die Wörter mit dem gleichen Anfangsbuchstaben in einer Farbe.
Schreibe die Wörter nach dem ABC auf.

A a
B b
C c
D d
E e
F f
G g
H h
I i
J j
K k
L l
M m
N n
O o
P p
Qu qu
R r
S s
T t
U u
V v
W w
X x
Y y
Z z

Flugzeuge   Großeltern   ewige   Abgase

grün

Fabriken   feine   alles   Eis   einbauen

aber   stickig   giftige   Autos

Erde   schmilzt

Filter

Acker   steigt   sauber

Glocke

A a

aber
_____

_____

_____

E e

_____

_____

_____

_____

F f

_____

_____

_____

G g

_____

_____

_____

_____

S s

_____

_____

_____

_____

12

Meine Lernwörter

8 Suche dir vier Wörter aus, die für dich schwierig sind.
Schreibe jedes Wort fünfmal untereinander auf.

Nomen und Satzanfänge großschreiben

9 Schreibe die Sätze richtig auf.

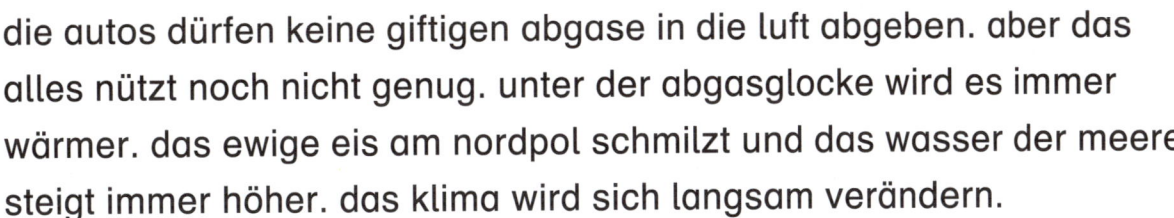

die autos dürfen keine giftigen abgase in die luft abgeben. aber das
alles nützt noch nicht genug. unter der abgasglocke wird es immer
wärmer. das ewige eis am nordpol schmilzt und das wasser der meere
steigt immer höher. das klima wird sich langsam verändern.

Wir retten die Kröten

Wir retten die Kröten

Moni radelt zu ihrer Freundin Dana. Plötzlich sieht sie auf der Straße viele Kröten. Sie muss stark bremsen. Fast hätte sie eine dicke Kröte überfahren. Hier am Stadtrand gibt es mehrere kleine Gewässer. Die Kröten müssen die Straße überqueren, damit sie zum Laichgewässer kommen. Moni erzählt Dana von dem Problem. Moni sagt: „Wir können die Tiere nicht sterben lassen." Zusammen mit ihren Eltern bauen sie Krötenzäune und stellen sie auf. Jeden Abend schleichen die Mädchen durch das nasse Gras und sammeln die Kröten in einen Eimer. Auf der anderen Seite lassen sie die Tiere wieder frei. Wegen der Zäune bleiben viele Kröten am Leben.

Richtig abschreiben und kontrollieren

1 Suche dir fünf Sätze aus dem Text aus und schreibe sie ab.
Kontrolliere sie.

_____

_____

_____

_____

_____

_____

_____

Diese Wörter muss ich noch üben:

_____

_____

Fehler finden

2 Finde die Fehler in den Sätzen.
Schreibe die Wörter richtig auf.

Auf der straße sieht Moni Kröten.   (1)   Straße _____

Die Kröten überkweren die Straße,   (1) _____

um zu ihrem Laichgewässer zu komen.   (1) _____

moni und Dana bauen einen Krötenzaun.   (1) _____

Am Abent sammeln sie die Kröten ein.   (1) _____

Wörter mit ss und ß

3 Sprich jedes Wort deutlich und achte auf die Länge der Selbstlaute.
Unterstreiche die lang gesprochenen Selbstlaute rot,
die kurz gesprochenen Selbstlaute grün.

der Kuss	die Straße	die Gasse	lassen	der Spaß
fassen	der Pass	der Gruß	saß	das Floß
der Schuss	der Fluss	nass	der Ruß	das Fass
die Soße	das Schloss	der Schoß	groß	küssen

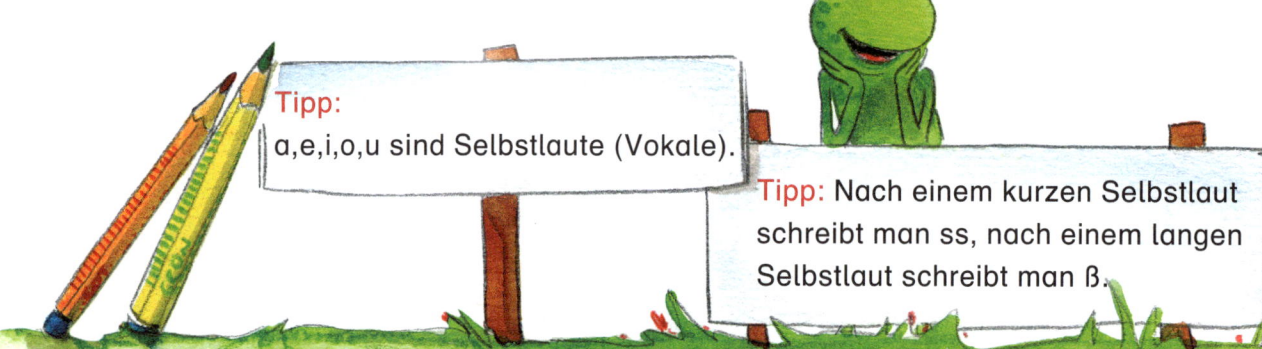

Tipp:
a,e,i,o,u sind Selbstlaute (Vokale).

Tipp: Nach einem kurzen Selbstlaut
schreibt man ss, nach einem langen
Selbstlaut schreibt man ß.

4 Ordne die Wörter aus Aufgabe 3. Schreibe sie auf.

Wörter mit ss: _____

_____

_____

Wörter mit ß: _____

_____

_____

5 Bei diesen Verben ändert sich der Wortstamm. Sprich jedes Wort deutlich, achte auf den Selbstlaut.

Tipp: Nach au/äu, ei und ie schreibt man ß.

essen

er i _____ t

sie a _____

die E _____ ecke

schließen

sie schlie _____ t

er schlo _____

das Schlo _____

lassen

er lä _____ t

sie lie _____

der Erla _____

vergessen

sie vergi _____ t

er verga _____

das Verge _____ en

fließen

es flie _____ t

er flo _____

der Flu _____

wissen

sie wei _____

er wu _____ te

das Wi _____ en

Tipp:
So trennt man Wörter mit ss: Was-ser, es-sen.

Tipp:
So trennt man Wörter mit ß: Stra-ße, flie-ßen.

Wörter bestehen aus Silben

6 Schreibe die Wörter in Silben auf.

Straßenschilder   Stra – ßen – schil – der _____

Wasserfälle _____

ausgießen _____

Straußenfeder _____

Messerwerfer _____

abbeißen _____

Begrüßung _____

Wörter nach dem ABC ordnen

7 Unterstreiche die Wörter mit dem gleichen Anfangsbuchstaben in einer Farbe.
Schreibe die Wörter auf.

A a
B b
C c
D d
E e
F f
G g
H h
I i
J j
K k
L l
M m
N n
O o
P p
Qu qu
R r
S s
T t
U u
V v
W w
X x
Y y
Z z

Kröten   knapp   Straße   sammeln

Gras   sieht   gibt   kommen

glücklich   keine   gerettet   Kinder

Garten   stark   grün   schleichen

kleine

Wörter
mit G/g

Garten

Wörter
mit K/k

Wörter
mit S/s

18

Meine Lernwörter

8 Suche dir vier Wörter aus, die für dich schwierig sind.
Schreibe jedes Wort fünfmal untereinander.

Fehler finden

9 Finde die acht Fehler im Text.
Streiche die falschen Wörter durch und schreibe sie richtig auf.

Moni radelt zu ihrer freundin Dana. Plötzlich sieht sie auf der Strasse
viele Kröten. Sie muss stark bremsen. Fast hätte sie eine dike Kröte
überfaren. Hier am stadtrand gipt es mehrere kleine Gewässer. Die
Kroten müssen die Straße überqueren, damit sie zum Laichgewesser
kommen.

Freundin,

Ausgesetzt?

Ausgesetzt?

Nicole und Leon setzen ihre Mützen auf und gehen zum Tennistraining. Plötzlich hören sie auf dem Weg ein klägliches Geräusch. Im Gebüsch sitzt eine kleine Katze. Ihr Fell ist schmutzig und an der Pfote ist sie verletzt. Nicole nimmt das Tier vorsichtig hoch. Im Fell stecken spitze Dornen. Leon fragt: „Was sollen wir jetzt machen?"
Nicole antwortet: „Wir nehmen sie mit und fragen meine Mutter."
Zu Hause bauen sie aus einer kleinen Matratze ein Körbchen und versorgen das Kätzchen. Die kleine Katze trinkt Milch und putzt sich. Das sieht witzig aus. Nicole fragt: „Können wir sie behalten?"
Mama antwortet: „Wir müssen zuerst herausfinden, ob sie einen Besitzer hat oder ob sie ausgesetzt wurde."

Richtig abschreiben und kontrollieren

1 Suche dir fünf Sätze aus dem Text aus und schreibe sie ab.
Kontrolliere sie.

_____

_____

_____

_____

_____

_____

_____

Diese Wörter muss ich noch üben:

_____

_____

Tipp: Nach kurzem Selbstlaut (Vokal) oder Umlaut schreibt man tz.

Wörter mit tz

2 Unterstreiche die Wörter mit tz im Text.
Schreibe die Wörter auf.

Wörter mit atz/ätz: _____

Wörter mit utz/ütz: _____

Wörter mit otz/ötz: _____

Wörter mit itz: _____

Wörter mit etz: _____

Wörter mit tz

3 Unterstreiche die Wörter einer Wortfamilie mit gleicher Farbe.
Schreibe die Wörter auf.

itz

Blitz

itz

itz

etz

utz

ütz

Spitze

aufblitzen

verletzt

Schmutz

Verletzung

Kindersitz

schmutzig

abstützen

sitzen

Sitz

Blitz

stützen

Fahrersitz

Verletzter

Blitzableiter

blitzen

beschmutzen

Stützpfeiler

anspitzen

Anspitzer

unverletzt

spitz

Stütze

Verschmutzung

4 Schreibe die Wörter mit tz in die richtige Lücke.

Der _____ der kleinen _____ hat sich nicht gemeldet.

Nicole darf das _____ behalten. Ihr _____ ist in der Küche.

Aber manchmal _____ sie wie der _____ durch die Woh-

nung. Bei großer _____ im Sommer spielt sie auch im Garten.

Wenn sie _____ Pfoten hat, dann _____ sie sich sofort.

Das sieht _____ aus. Manchmal ist sie ganz übermütig. Dann

_____ ihre Augen. Mit ihren _____ Krallen hat sie mich auch

schon _____ . Aber das macht sie bestimmt nicht absichtlich.

Blitz   spitzen   Kätzchen   Platz   Katze

gekratzt   flitzt   blitzen   schmutzige

putzt   Hitze   Besitzer   witzig

Arbeit mit dem Wörterbuch

5 Schlage die Wörter im Wörterbuch nach.
Setze die richtigen Buchstaben ein.

F/f oder **V/v?**

____ater

____agott

____erwandter

____eilchen

____unktionieren

T/t oder **Th/th?**

____eater

____elefon

____ema

____arantel

____uba

Paar oder paar?

6 Setze die Wörter **Paar** oder **paar** ein.

Tipp:
Wenn zwei Dinge oder Personen gemeint sind, die zusammengehören, schreibt man **Paar.**

Tipp:
Wenn viele Dinge oder Personen gemeint sind, schreibt man **paar.**

ein Paar Turnschuhe   ein paar Tennisbälle

ein Paar Socken

ein   Murmeln

ein   Stiefel

ein   Stifte

ein   Handschuhe

ein   Käfer

7 Setze die Wörter **Paar** oder **paar** ein.

Leon will bei Nicole übernachten. Vorher wollen die beiden Kinder ein

Picknick machen. Leon packt ein _____ Äpfel ein. Sein Papa hat

noch ein _____ Brote geschmiert. Er fragt Leon: „Hast du ein

_____ Socken und ein frisches T-Shirt eingepackt?" Leon antwortet:

„Ich habe mein _____ Hausschuhe, ein _____ Strümpfe, ein

_____ Taschentücher und einen Schlafanzug eingepackt." Papa ist

zufrieden. Er sagt: „Leon, du hast noch ein _____ Minuten Zeit.

Kannst du bitte das rote _____ Schuhe aus dem Keller holen?

Ich will sie nachher zum Schuster bringen."

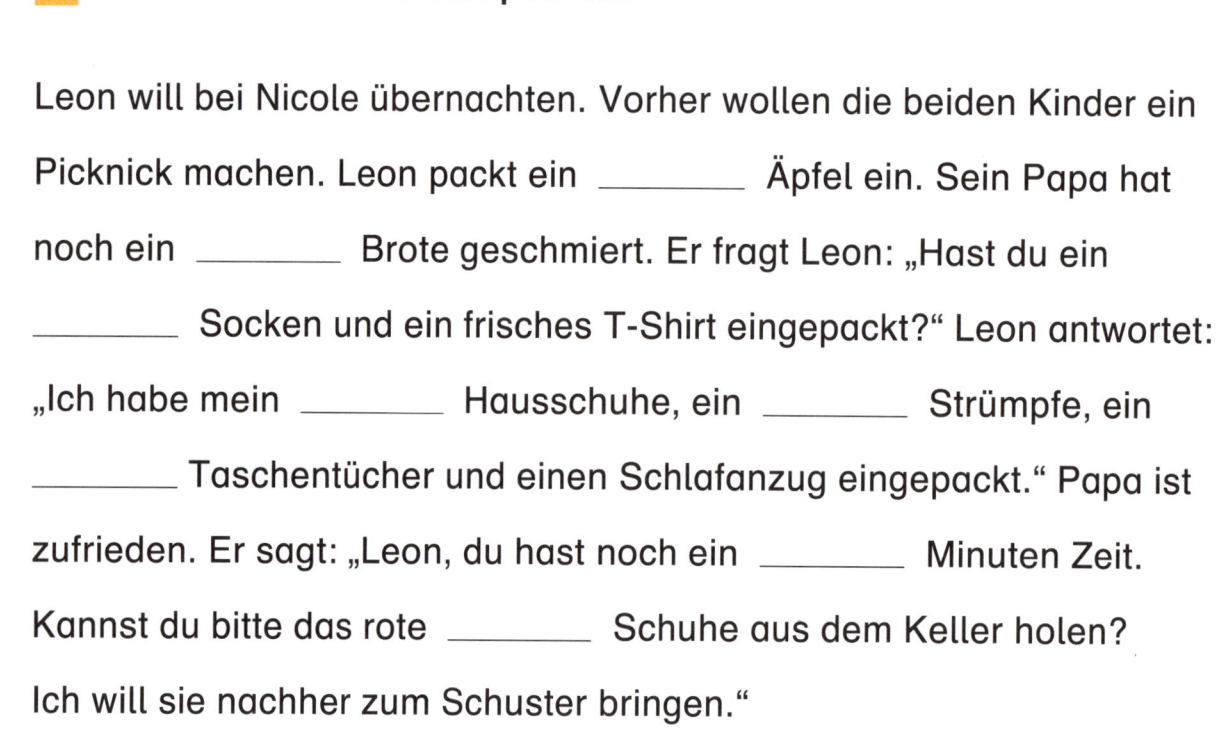

Meine Lernwörter

8 Suche dir vier Wörter aus, die für dich schwierig sind.
Schreibe jedes Wort fünfmal untereinander.

Nomen und Satzanfänge großschreiben

9 Schreibe die Sätze richtig auf.

nicole und leon setzen ihre mützen auf und gehen zum tennistraining.
plötzlich hören sie auf dem weg ein klägliches geräusch. im gebüsch
sitzt eine kleine katze. ihr fell ist schmutzig und an der pfote ist sie
verletzt. nicole nimmt das tier vorsichtig hoch.

Leben in Freiheit

Leben in Freiheit

Luchse sind hochbeinige Wildkatzen. Die jungen Luchse kann man leicht mit der Hauskatze verwechseln. Lange Zeit waren die Luchse in Europa ausgestorben. Schuld daran war ihr schlechter Ruf als Viehdieb. Heute weiß man, wie wichtig diese Tiere für das Gleichgewicht in der Natur sind. Deshalb gibt es Aufzuchtstationen, in denen junge Luchse aufgezogen werden. Tierforscher beobachten ihr Wachstum und ihr Verhalten genau. Wenn die Luchse erwachsen sind, werden sie ausgewildert. Dieser Wechsel ist für die Tiere nicht einfach. Jetzt müssen sie selbst für ihr Futter sorgen und sich alleine in der Natur zurechtfinden. Sie werden in der Freiheit mit Füchsen, Dachsen, Wildschweinen und Hasen zusammenleben. Luchse sind sehr scheue Tiere, die sich nur selten in die Nähe von Menschen begeben.

Richtig abschreiben und kontrollieren

1 Suche dir fünf Sätze aus dem Text aus und schreibe sie ab.
Kontrolliere sie.

_____

_____

_____

_____

_____

Diese Wörter muss ich noch üben:

_____

_____

Wörter bestehen aus Silben

2 Unterstreiche die sechs Wörter mit vier Silben im Text
und schreibe sie auf.

_____ - _____ - _____ - _____

_____ - _____ - _____ - _____

_____ - _____ - _____ - _____

_____ - _____ - _____ - _____

_____ - _____ - _____ - _____

_____ - _____ - _____ - _____

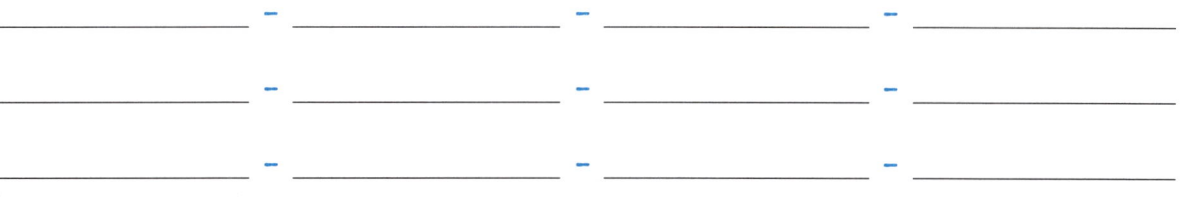

Wörter mit chs

3 Suche die sieben Wörter mit **chs** aus dem Text.
Schreibe sie auf.

Tipp:
Wörter mit **chs** kannst
du nicht ableiten,
du musst sie dir merken.

Luchse, _____

_____

4 Kennst du diese Wörter mit **chs**?
Schreibe sie auf.

E _____ e   wa _____ en   Sa _____ en,

Wa _____   La _____   we _____ eln

Tipp:
Wörter mit **x** musst
du dir merken.

Wörter mit x

5 Kreise die elf Wörter mit **x** ein und schreibe sie auf.

H	E	X	E	A	S	A	X	O	F	O	N
B	C	P	R	A	X	I	S	R	A	D	H
D	E	F	E	X	T	R	A	S	B	E	I
F	A	X	G	H	M	I	X	E	N	F	K
I	A	X	T	K	L	E	X	I	K	O	N
L	M	N	O	N	I	X	E	P	C	G	L
M	I	X	E	R	T	U	B	O	X	E	N

Hexe, _____

_____

6 Setze die Anredepronomen richtig ein.

Tipp:
Wenn du einen Brief an deine Freunde schreibst, schreibst du die Anredepronomen klein.

Liebe Lisa,

ich muss _____ etwas Tolles erzählen. Hast _____ schon einmal wilde Luchse gesehen? Ich war gestern mit meinen Eltern in einer Aufzuchtstation. Als ich die kleinen Luchse sah, musste ich an _____ denken. _____ magst doch Tierbabies so gerne. Die waren total niedlich. Alle Tiere haben einen Namen. _____ wirst _____ freuen, wenn ich dir erzähle, dass ein besonders süßer Luchs den gleichen Namen wie _____ Schwester hat, genau: Anna. Falls _____ Eltern am Wochenende Zeit haben, fahrt doch mal zur Aufzuchtstation. _____ müsst _____ beeilen, denn die Jungtiere werden bald ausgewildert. Was sagst _____ dazu? Bis bald, _____ Freundin Nicole

dir		dich	euch	du	deine
	du				
deine		ihr	du	dich	deine	du

Lisa findet die Idee toll und schreibt deshalb einen Brief an die Aufzuchtstation für junge Luchse.

7 Setze die Anredepronomen richtig ein.

Tipp:
Wenn du einen offiziellen Brief schreibst, schreibst du die Anredepronomen groß.

Sehr geehrte Damen und Herren,

wie ich von einer Freundin erfahren habe, sind bei _____ junge Luchse in der Aufzuchtstation. Meine Eltern und ich würden gerne einen Ausflug zu _____ machen. Deshalb meine Frage: „Wann werden _____ die Luchse auswildern?" Es wäre nett, wenn _____ mir antworten würden. Ich lege _____ einen frankierten Briefumschlag bei. Vielen Dank für _____ Mühe.
Mit freundlichen Grüßen _____ Lisa Müller

Ihnen		Ihre	Ihnen	Sie	Ihnen	Ihre
	Sie					

Regeln anwenden

8 Schreibe die richtigen Wörter auf.
Kreuze an, welche Regel dir dabei hilft.

Futter futter	_Futter_	☐ Mehrzahlbildung ☒ Nomen erkennen ☐ Adjektive steigern ☐ wir-Form bilden
stirpt stirbt		☐ Mehrzahlbildung ☐ Nomen erkennen ☐ Adjektive steigern ☐ wir-Form bilden
Viehdiep Viehdieb		☐ Mehrzahlbildung ☐ Nomen erkennen ☐ Adjektive steigern ☐ wir-Form bilden
sorgt sorkt		☐ Mehrzahlbildung ☐ Nomen erkennen ☐ Adjektive steigern ☐ wir-Form bilden
wichtig wichtik		☐ Mehrzahlbildung ☐ Nomen erkennen ☐ Adjektive steigern ☐ wir-Form bilden
Freiheit freiheit		☐ Mehrzahlbildung ☐ Nomen erkennen ☐ Adjektive steigern ☐ wir-Form bilden

Meine Lernwörter

9 Suche dir vier Wörter aus, die für dich schwierig sind.
Schreibe jedes Wort fünfmal untereinander.

Fehler finden

10 Finde die acht Fehler im Text. Streiche die falschen Wörter durch
und schreibe sie richtig auf.

~~Luxe~~ sind hochbeinige Wildkatzen. Die jungen Luchse kann man leicht
mit der Hauskatze verwekseln. Lange Zeit waren die Luchse in europa
ausgestorben. Schult daran war ihr schlechter Ruf als Viehdiep. Heute
weiß man, wie wichtig diese Tiere für das Gleichgewicht in der natur
sind. Deshalb gibt es Aufzuchtstationen, in denen junge Luchse aufgezogen werden. Tierforscher beobachten ihr Wakstum und ihr Ferhalten
genau.

Luchse,

_____

_____

Mittelalter

Mittelalter

Im Mai hat unsere Schule ein Projekt zum Thema Mittelalter durchgeführt. Die ganze Schülerschaft präsentierte ihre Ergebnisse auf dem Schulfest. Wir haben viel über das Mittelalter gelernt.

Es gab früher Fürstentümer und Grafschaften. Der Kaiser und die Fürsten hatten viel Eigentum. Aber der größte Teil der Bevölkerung lebte nicht in Reichtum. Damals war das Reisen ein großes Wagnis. Man musste in der Wildnis viele Hindernisse überwinden und konnte leicht in Gefangenschaft geraten.
In den Gefängnissen konnte man nicht auf Verständnis hoffen. Geständnisse wurden oft erpresst. Durch Folter wurde die Bereitschaft zur Aussage erzwungen.

Unsere Klasse hat wie im Mittelalter gekocht. Wir haben die ganze Belegschaft der Schule verpflegt. Auf dem Fest haben wir uns als Lakaien verkleidet und die Gäste bedient.

Richtig abschreiben und kontrollieren

1 Suche dir fünf Sätze aus dem Text aus und schreibe sie ab. Kontrolliere sie.

_____

_____

_____

_____

_____

Diese Wörter muss ich noch üben:

_____

_____

Nomen mit nis, tum und schaft

2 Unterstreiche die Nomen mit **nis**, **tum** und **schaft** im Text. Schreibe die Nomen in der Einzahl auf.

nis   Ergebnis, _____

_____

tum   _____

_____

schaft _____

_____

Nomen mit nis, tum und schaft

Tipp:
Wörter mit den Bausteinen **nis**, **tum** und **schaft** sind Nomen.
Nomen werden großgeschrieben.

3 Bilde Nomen und verwende dazu die Bausteine nis, tum und schaft.

-nis	-tum	-schaft
Finsternis		

reich · ~~finster~~

Christen · verzeichnen · Freunde · erleben

heilig · gefangen · Fürsten

Graf

Weltmeister · geheim · begraben

bekannt · wachsen · schwanger

Mitglied

Tipp:
Wenn du nicht sicher bist, schau' im Wörterbuch nach.

34

Wörter mit ai

4 Bilde Wörter mit **ai**. Schreibe sie auf.

S _ _ te   M _ _   Lak _ _ _   M _ _ s

K _ _ ser   H _ _   Froschl _ _ ch

Saite, _____

_____

5 Löse das Rätsel. Setze die passenden Wörter mit **ai** aus Übung 4 ein.

Ein ⬚⬚⬚ ist ein gefährlicher Fisch.

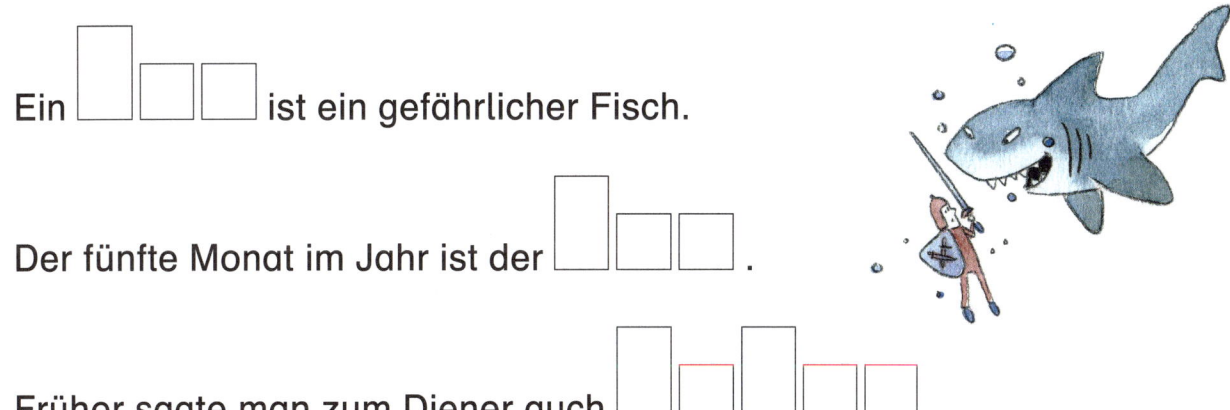

Der fünfte Monat im Jahr ist der ⬚⬚⬚.

Früher sagte man zum Diener auch ⬚⬚⬚⬚.

⬚⬚⬚⬚ ist eine Futterpflanze und ein Gemüse.

Eine ⬚⬚⬚⬚ ist ein Teil einer Geige.

Aus dem ⬚⬚⬚⬚ der Frösche entwickeln sich Kaulquappen.

Früher gab es viele Könige und ⬚⬚⬚⬚⬚.

Wörter nach dem ABC ordnen

6 Unterstreiche die Wörter mit **Va / Ve** in Rot, die Wörter mit **Vi / Vo / Vu** in Blau.
Sortiere sie nach dem ABC und schreibe sie in die richtige Spalte.

A a
B b
C c
D d
E e
F f
G g
H h
I i
J j
K k
L l
M m
N n
O o
P p
Qu qu
R r
S s
T t
U u
V v
W w
X x
Y y
Z z

Vanille   Vitamine   Vase   Viereck

Veilchen   Vogel   Vulkan   Verbrennung

Vorfahrt   Vieh

Vormittag   Verkehr

Verstand   Verein

Vorsicht   Verpackung

Va – Ve	Vi – Vo – Vu
Vanille	Vieh

Meine Lernwörter

7 Suche dir vier Wörter aus, die für dich schwierig sind.
Schreibe jedes Wort fünfmal untereinander auf.

Nomen und Satzanfänge großschreiben

8 Schreibe die Sätze richtig auf.
Unterstreiche in deinem Text die Wörter, die für dich schwierig sind.

im mai hat unsere schule ein projekt zum thema mittelalter
gemacht. die ganze schülerschaft präsentierte ihre ergebnisse
auf dem schulfest. wir haben viel über das mittelalter gelernt.
es gab früher fürstentümer und grafschaften. der kaiser und
die fürsten hatten viel eigentum.

Abschied

Abschied

In ein paar Wochen ist das Schuljahr zu Ende. Alle Schüler haben sich angestrengt, um in den letzten Arbeiten gute Zensuren zu bekommen. Ich habe mit meiner Freundin viel Mathe geübt. Die Multiplikation und Division war schwer für mich. Meine Freundin ist gut in Mathe. Sie hat dafür Probleme mit der Grammatik. Wir haben gemeinsam die Begriffe Subjekt, Prädikat und Objekt wiederholt. Aber bald ist es geschafft. Vor den Ferien werden wir noch ein großes Grillfest machen und uns von unserer Klassenlehrerin verabschieden. Ich bin gespannt, wie es in der neuen Schule sein wird. Aber zuerst kommen die Sommerferien. Einige Kinder fahren mit ihren Eltern ans Meer, andere in die Berge. Ich mache mit meiner Familie eine Fahrradtour.

Richtig abschreiben und kontrollieren

1 Suche dir fünf Sätze aus dem Text aus und schreibe sie ab.
Kontrolliere sie.

_____

_____

_____

_____

_____

_____

Diese Wörter muss ich noch üben:

_____

_____

Fremdwörter

2 Unterstreiche die Fremdwörter im Text.
Bilde aus den Silben Wörter und schreibe sie auf.

Mul		pli	~~jekt~~	Prä	ti	ka
Sub						Di
vi	tion	jekt	kat	~~Ob~~	di	sion

Objekt _____   _____

_____   _____

_____

Fremdwörter

3 Wie heißen die Fremdwörter?

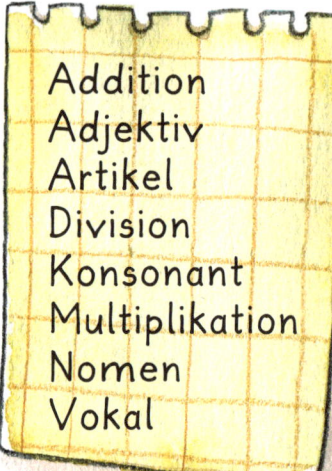

Addition
Adjektiv
Artikel
Division
Konsonant
Multiplikation
Nomen
Vokal

➡ **waagerecht**   ⬇ **senkrecht**

① Malnehmen   ① Teilen
② Begleiter   ② Wiewort
③ Selbstlaut   ③ Mitlaut
④ Plusrechnen
⑤ Namenwort

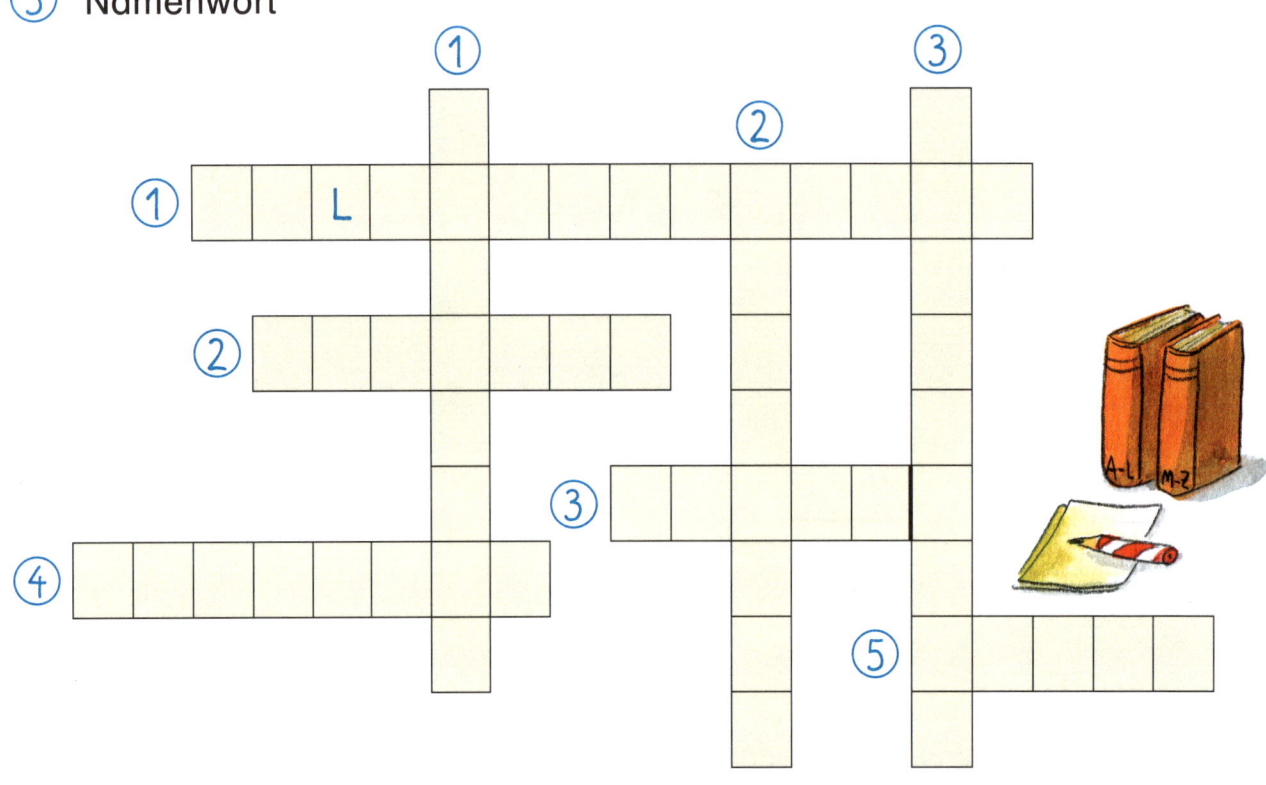

Arbeit mit dem Wörterbuch

4 Suche das richtige Wort im Wörterbuch und kreise es ein.

1. Sandwitsch   (Sandwich)   Santwitch

2. Interwiev   Interviw   Interview

3. tränieren   trainieren   trainihren

4. Theater   Teather   Teater

5. discutieren   diskutiren   diskutieren

Den oder denn?

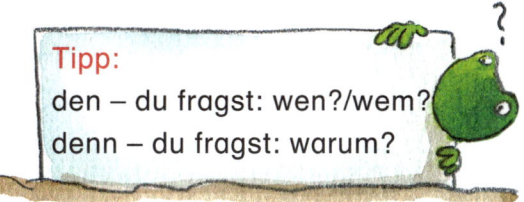

5 Setze **den** oder **denn** ein.

Ich kann _den_ Schlüssel nicht finden.

Heike hat die Kapuze aufgesetzt, _____ es regnet.

Peter ruft _____ Trainer an.

Felix ist traurig, _____ er hat einen Euro verloren.

Petra hat den ganzen Vormittag auf _____ Postboten gewartet.

Ulrike will _____ Hund nicht streicheln, _____ er knurrt böse.

Der Lehrer erklärt _____ Schülern die Hausaufgabe.

Maike will _____ Tee noch nicht trinken, _____ er ist zu heiß.

Wen oder wenn?

6 Setze **wen** oder **wenn** ein.

Wenn die Sonne scheint, gehe ich schwimmen.

Fatma überlegt, _____ sie um Hilfe bitten kann.

_____ es klingelt, stürmen die Kinder auf den Schulhof.

Ich lese nur vor, _____ du leise bist.

„An _____ denkst du?" fragt Anita ihre Freundin.

_____ du willst, kann ich dir bei den Aufgaben helfen.

Der Kessel pfeift, _____ das Wasser kocht.

Oliver überlegt, _____ er zum Geburtstag einladen soll.

Regeln anwenden

7 Schreibe die richtigen Wörter auf. Kreuze an, welche Regel dir dabei hilft.

angestrengt angestrenkt	_____	☐ Mehrzahlbildung ☐ Nomen erkennen ☐ Adjektive steigern ☐ wir-Form bilden
traurich traurig	_____	☐ Mehrzahlbildung ☐ Nomen erkennen ☐ Adjektive steigern ☐ wir-Form bilden
Zensuren zensuren	_____	☐ Mehrzahlbildung ☐ Nomen erkennen ☐ Adjektive steigern ☐ wir-Form bilden
nett net	_____	☐ Mehrzahlbildung ☐ Nomen erkennen ☐ Adjektive steigern ☐ wir-Form bilden
Arbeit arbeit	_____	☐ Mehrzahlbildung ☐ Nomen erkennen ☐ Adjektive steigern ☐ wir-Form bilden
Objekd Objekt	_____	☐ Mehrzahlbildung ☐ Nomen erkennen ☐ Adjektive steigern ☐ wir-Form bilden
geübt geüpt	_____	☐ Mehrzahlbildung ☐ Nomen erkennen ☐ Adjektive steigern ☐ wir-Form bilden

Meine Lernwörter

8 Suche dir vier Wörter aus, die für dich schwierig sind.
Schreibe jedes Wort fünfmal untereinander.

Fehler finden

9 Finde die neun Fehler in den Sätzen und streiche sie durch.
Schreibe die Wörter richtig auf.

Vor den ferien werden wir noch ein großes Grilfest machen und uns
von unserer Klassenlehrerin verabschiden. Ich bin gespant, wie es in
der neuen schule sein wird. Aber zuerst Kommen die Sommerferien.
Einige Kinder faren mit ihren Eltern ans Meer, andere in die Bärge.
Ich mache mit meiner Familie eine Fahrrattour.

Ferien, _____

_____

_____

_____

1 Setze Wörter mit **ah/äh** – **uh/üh** – **oh/öh** oder **eh** in die Lücken ein.

Rätsel

Wenn der Zahnarzt ein Loch entdeckt, nimmt er einen _____ .

Ein _____ hat zwölf Monate.

Ein Raum unter der Erde ist eine _____ .

Die Zahl nach neun heißt _____ .

Das Tier, das Eier legt, ist ein _____ .

Die Frau, die eine Klasse unterrichtet, ist eine _____ .

Wenn ich ein Wort falsch geschrieben habe,

ist das ein _____ .

Wenn ich im Winter keine Mütze aufsetze,

bekomme ich kalte _____ .

Rund um den Esstisch stehen sechs _____ .

2 Setze die fehlenden Buchstaben ein.
Leite die Wörter ab.

Saubere Umwelt

Jannik sagt beim Abendbro|t| (➡ _Brote_) zu seinem Vater:

„Morgen brauche ich keinen Ranzen mit in die Schule zu nehmen.

Wir sammeln Müll." Vater antwortet: „Das ist eine gute Sache.

Ich suche dir Han| |schuhe (➡ _____). Sonst ist es ekli| |

(➡ _____), den Müll anzufassen."

Am nächsten Morgen gi| |t (➡ _____) der Lehrer jedem Kin| |

(➡ _____) einen Müllsa| | (➡ _____). Dann geht es los.

Die Klasse 4a soll den Wal| |rand (➡ _____) an der Straße

s| |bern (➡ _____). Hier sieht es schreckli| | (➡   )

aus. Die Kinder sammeln leere Flaschen, Papier, Pappe und ganz viel

Plastik.

Daniela sa| |t (➡ _____): „Das ist ja unglau| |lich

(➡ _____), was die Leute alles wegschmeißen. Mein Sack

ist schon fast vo| | (➡ _____)." Iris meint: „Man mü| |te

(➡ _____) die Umweltsünder viel härter bestrafen."

Daniela antwortet: „Aber das ist schwieri| | (➡ _____),

denn man kann ja nicht auf jeder Straße Kameras einbauen."

Darauf erwidert Iris: „Das ist auch gar nicht nöti| | (➡ _____).

Hier hat jemand eine ganze Mülltüte abgeste| |t (➡ _____).

Darin sind Briefumschläge, auf denen man die Adresse noch lesen

kann. Ich bin gespa| |t (➡ _____), was die Polizei dazu sagen

wir| | (➡ _____)."

45

3 Setze **ss** oder **ß** ein.
Markiere den langen Vokal, au/äu, ei oder ie vor dem ß.

Der Ausflug

Wir wandern mit dr**ei**_____ig Kindern zum Flu_____.

Auf der gro_____en Wiese e_____en wir unser Frühstück.

Ich bei_____e in einen saftigen Apfel. Meine Freundin hei_____t

Leoni. Sie gie_____t sich Wa_____er in eine Ta_____e. Tobias

trinkt hei_____en Kakao.

Nach dem Frühstück gehen wir durch das na_____e Gras

zum Flu_____. Wir treffen dort den Förster mit seinem

wei_____en Hund. Unsere Lehrerin sagt: „Pa_____t gut auf,

ich wei_____ nicht, ob der bei_____t."

4 Setze Wörter mit **ss** oder **ß** ein.

Rätselreime

Es ist nicht schwarz, sondern _____ .
Es ist nicht kalt, sondern _____ .

Der Prinz gibt der Prinzessin einen _____ .
Das Märchen hat einen schönen _____ .

Nach dem Regen ist Petras Jacke _____ .
Aus dem Keller holt der Wirt ein neues _____ .

Ich mag keine Hunde, die _____
oder sich von der Leine los_____ .

5 Schreibe die Wörter mit **tz** auf.

① Kopf ohne Haare
② Schlafunterlage im Bett
③ kurze lustige Geschichte
④ baut die Spinne

⑤ helles Licht beim Gewitter
⑥ verstecken die Piraten
⑦ sich sehr heiß fühlen

6 Schlage die Wörter im Wörterbuch nach.
Setze die richtigen Buchstaben ein.

z oder **tz**

Bli_____

Gese_____

Pil_____

Hi_____e

Mal_____

Schmal_____

z oder **zz**

Pi_____a

Ski_____e

War_____e

tan_____en

Ra_____ia

Wan_____e

7 Setze **chs** oder **x** ein.

Das Märchen vom schlauen Fu_____

In einem dunklen Wald lebte eine böse He_____e.

Alle Tiere fürchteten sich vor ihr, nur der schlaue Fu_____ nicht.

Eines Tages sah die He_____e den Lu_____ und dachte:

„Den werde ich verhe_____en." Sie lockte ihn heran und

verhe_____te ihn in einen Stein. Dies beobachtete der Fu_____.

Er wollte seinem Freund helfen.

Er lief zum alten Da_____ und bat ihn um Hilfe. Der Da_____

hatte eine Idee: „Die He_____e ist verrückt nach Kuchen.

Wir backen einen Kuchen für sie – aber wir mi_____en

ein Zauber-Haarwu_____mittel hinein."

Als der Kuchen fertig war, setzte sich der Fu_____ in die Nähe

des He_____enhauses. Als die He_____e den Kuchen roch,

rief sie: „Her mit dem Kuchen!" „Bitte tu mir nichts!", sagte

der Fu_____ und gab ihr den Kuchen.

Sobald die He_____e das erste Stück gegessen hatte,

fingen ihre Haare an zu wa_____en. Erschreckt rief sie:

„He, macht keine Fa_____en, Haare hört auf zu wa_____en!

Verfli_____t – Fu_____, hilf mir!"

Der schlaue Fu_____ aber antwortete: „Zuerst musst du

den Lu_____ erlösen, dann verrate ich dir den Zauberspruch."

Die He_____e war wütend, aber es half nichts – sie musste

den Lu_____ zurückzaubern.

8 Schreibe die richtigen Wörter auf.
Kreuze an, welche Regel dir dabei hilft.

nät näht		☐ Mehrzahlbildung ☐ Nomen erkennen ☐ Adjektive steigern ☐ wir-Form bilden
Schild Schilt		☐ Mehrzahlbildung ☐ Nomen erkennen ☐ Adjektive steigern ☐ wir-Form bilden
natur Natur		☐ Mehrzahlbildung ☐ Nomen erkennen ☐ Adjektive steigern ☐ wir-Form bilden
schwierig schwierik		☐ Mehrzahlbildung ☐ Nomen erkennen ☐ Adjektive steigern ☐ wir-Form bilden
glaupt glaubt		☐ Mehrzahlbildung ☐ Nomen erkennen ☐ Adjektive steigern ☐ wir-Form bilden
Regel regel		☐ Mehrzahlbildung ☐ Nomen erkennen ☐ Adjektive steigern ☐ wir-Form bilden
sportlich sportlig		☐ Mehrzahlbildung ☐ Nomen erkennen ☐ Adjektive steigern ☐ wir-Form bilden
Zehne Zähne		☐ Mehrzahlbildung ☐ Nomen erkennen ☐ Adjektive steigern ☐ wir-Form bilden

9 Suche das richtige Wort im Wörterbuch und kreise es ein.
Wähle drei Wörter aus und schreibe damit je einen Satz.

1.	Atlet	Athlet	Athleth
2.	Schampion	Champjen	Champion
3.	Aerobic	Erobik	Ärobig
4.	Stadion	Schtadion	Stadijon
5.	Tiem	Tihm	Team
6.	Gümnastik	Gymnastik	Gimnastyk
7.	Trainer	Träner	Träiner
8.	Faul	Fuol	Foul
9.	Joging	Joggin	Jogging
10.	Lifesendung	Livesändung	Livesendung

10 Findest du die falsch geschriebenen Wörter?
Schreibe die Wörter richtig auf die Linien.

Ferien auf dem Bauernhof

Nicole und ihr Bruder Eric fahren mit der Baan nach Bremen.

1 _____

Am Bahnhof meint Onkel Fritz: „Ihr hapt aber wenig Gepäck."

1 _____

Tante Frieda wartet mit dem Esen, es gibt Lax.

2 _____ _____

Die Kinder sind hungrich und essen mit Genuß.

2 _____ _____

Nach dem Essen ruft Eric: „Mann fühlt sich hier wie ein Keiser!"

2 _____ _____

Eric hilft danach der Tante und putst den Herd. **1** _____

Nicole besichtikt mit dem Onkel den Bauärnhof.

2 _____ _____

Im Hühnerstall wundert Nicole sich über den Stacheldraat.

1 _____

„Das isst unser Schutz gegen den Fucks", sagt Onkel Fritz.

2 _____ _____

„Sieht trozdem aus wie ein gefängnis", meint Nicole.

2 _____ _____

Eric ist fertich und sucht seine Schwester. **1** _____

Er geht in den Pferdestall zu den jungen Follen. **1** _____

Konzeption

Die Arbeitsheft-Reihe **Schreib richtig** orientiert sich an den nationalen Bildungsstandards für den Primarbereich (Beschluss der KMK vom 15.10.2004) und fokussiert den Kompetenzbereich Schreiben im Hinblick auf grundlegende Rechtschreibstrategien. Strategievermittlung ist ein Anliegen der Arbeitshefte, wobei individuelles Lernen im Vordergrund steht.

Aus angebotenen Abschreibtexten eines jeden Kapitels wählen die Kinder selbstständig ihrem Niveau entsprechend Sätze aus, die sie abschreiben und überprüfen. Darüber erlernen sie richtiges Abschreiben und selbstständiges Kontrollieren. Nebenbei wird ihnen innerhalb der Kapitel Raum gegeben, ihre persönlich als schwierig empfundenen, weil fehlerhaften Wörter zu notieren und zu üben.

Jedes Kapitel besteht aus sechs Seiten. Auf der ersten Doppelseite steht das Abschreiben und Kontrollieren im Vordergrund. Nachfolgend entdecken und bearbeiten sie Rechtschreibphänomene und werden schließlich aufgefordert, ihre persönlichen Lernwörter strukturiert sowie spielerisch zu üben. Einzelne „ABC-Seiten" bahnen den Umgang mit dem Wörterbuch an. Entsprechende Symbole neben den Aufgaben fordern die Schülerinnen und Schüler dazu auf, ihre Arbeit an den einzelnen Aufgaben zu reflektieren und selbst einzuschätzen.